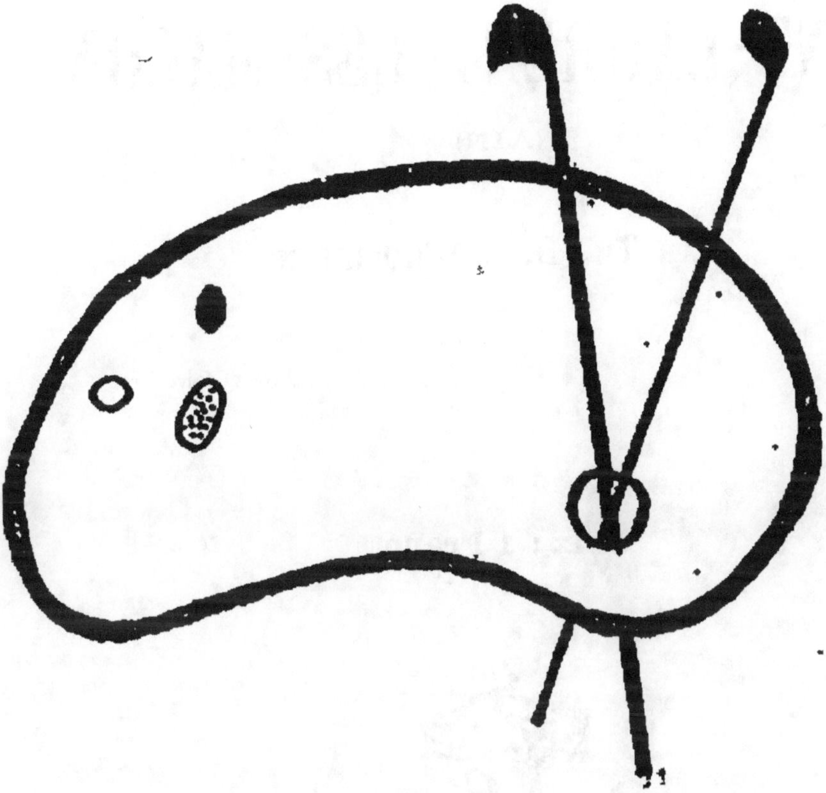

DEBUT D'UNE SERIE DE DOCUMENTS
EN COULEUR

VARIÉTÉS HISTORIQUES

SAINT-LAURENT-LES-MACON

(AIN)

Par Th. D. de Chollitan

Lire et faire lire.

Prix : 1 Franc

LOUHANS

IMPRIMERIE HENRI PÉLARDY

et dans les principales librairies

—

1897

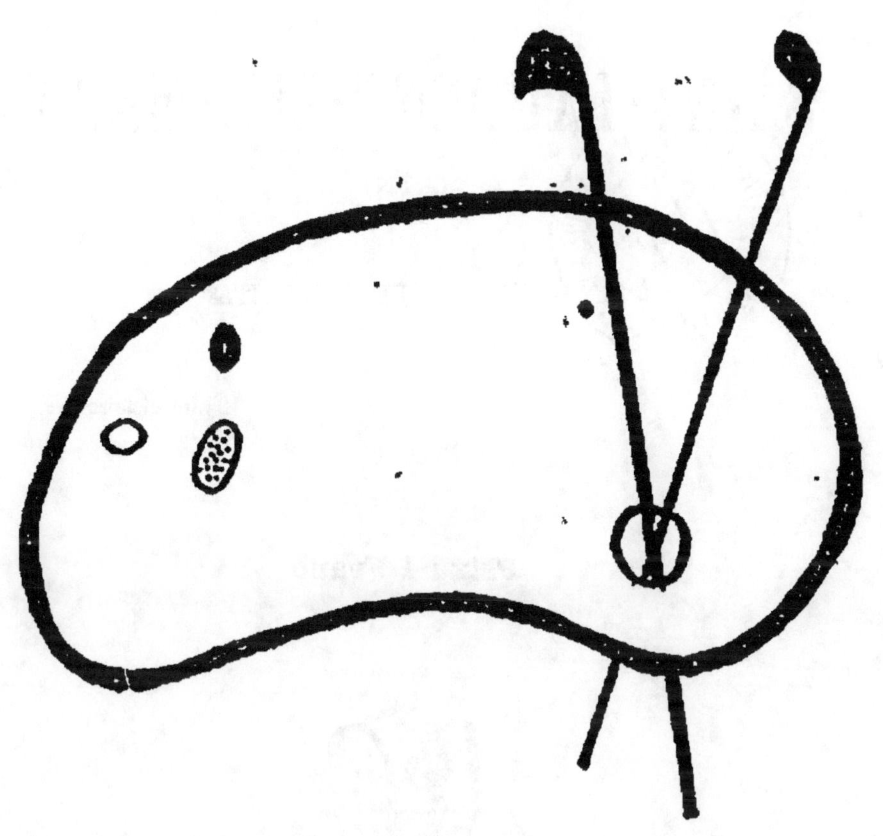

**FIN D'UNE SERIE DE DOCUMENTS
EN COULEUR**

SAINT-LAURENT-LES-MACON

(AIN)

PAR Th. D. DE CHOLLITAN

Lire et faire lire.

Prix : 1 Franc

LOUHANS

IMPRIMERIE HENRI PÉLARDY

et dans les principales librairies

1897

SAINT-LAURENT-LES-MACON

(AIN)

I

Les traditions populaires sont souvent plus sincères et véritables que les documents historiques réputés les plus authentiques.

La plupart des récits de l'Histoire ne sont-ils pas des fables admises comme des vérités édifiantes et instructives, que les générations se transmettent plus ou moins fidèlement ? Montesquieu a dit avec raison : « Les histoires sont des faits faux composés sur des faits vrais, ou bien à l'occasion des vrais. »

Nous avons vainement recherché, dans les ouvrages des auteurs anciens et modernes, des faits très intéressants pour notre contrée, et bien dignes d'être conservés dans la mémoire des peuples. Nos chroniqueurs, biographes, historiens, compilateurs, hagiographes ou écrivains profanes sont muets sur bien des événements qui ont eu cependant la plus grande influence sur les destinées du pays et sur notre situation présente.

L'étude du passé éclaire le présent et prépare l'avenir. Aussi, convient-il de relater et de conserver précieusement les légendes et traditions, dont le souvenir est encore très vivace parmi nos populations urbaines ou rurales, afin de n'en point perdre l'intéressante et instructive souvenance, avec les vestiges qui s'évanouissent trop promptement à notre époque scientifique de rapide et profonde transformation.

Ainsi, ce que tous les vieux auteurs n'ont pas su, faute de faciles moyens de renseignements aux époques lointaines, — tels que le véridique et impartial *Indépendant de Saône-et-Loire*, — ce que nous n'avons pas même pu trouver dans la rarissime et incomplète collection du Moniteur officiel de l'Empire romain créé par Auguste sous le titre des *Acta diurna Populi Romani*, petit journal manuscrit adressé de Rome aux principaux fonctionnaires provinciaux, comme on le fait encore en Chine, c'est que l'ardent lévite du pape Xiste ou Sixte II, le célèbre saint Laurent, martyrisé en 258, sous l'empereur romain Valérien (ou *Valait-Rien*), a été rôti, grillé, comme un simple hareng saur, en face de Matisco (aujourd'hui Mâcon), sur le bord oriental de la Saône, nommée en ces temps primitifs *Arar*, mot gaulois qui signifie rivière indolente, nonchalante ou paresseuse.

Les *Annales* romaines rapportent il est vrai, que le premier diacre de l'évêque de Rome, saint Sixte ou Xiste II, nommé Laurent, a été, cette année 258, brûlé vif à Rome, parce que ce caissier ecclésiastique avait refusé de livrer au fisc impérial le trésor de la communauté chrétienne.

Le premier Christianisme, basé sur la douceur, la bonté, l'humilité, le désintéressement, l'assistance mutuelle, la fraternité, la charité, l'égalité universelle découlant logiquement du dogme simple et rationnel du Monothéisme, ce christianisme démocratique ou *ancien catholicisme* se propagea rapidement parmi les esclaves, les artisans, les prolétaires, les petites gens, les innombrables victimes de l'injustice du brutal et cruel ordre social de l'empire romain.

Nous admettons très volontiers que l'essénien ou thérapeute juif Jésus de Nazareth, un des nombreux prophètes ou messies libérateurs attendus par le peuple asservi, n'est point un mythe imaginé par la Démocratie romaine, comme certains le prétendent, et qu'il a existé tel qu'on le représente diversement.

La sublimité de cette doctrine philanthropique, pressentie par plusieurs philosophes de l'antiquité, échappait sans doute aux esprits bornés du *vulgum pecus* ; la plèbe ne voyait dans cette religion libératrice que l'affranchissement d'une horrible tyrannie, le côté pratique et matériel d'une réaction religieuse bien plus efficace que les révoltes violentes, les insurrections, les précédentes guerres d'esclaves, des Mamertins, et autres guerres serviles, sacrées ou sociales, entreprises au seul nom de la Liberté. Car la Liberté, sans une fraternelle Egalité, ne produit que la licence, la tyrannie et les révolutions.

Les premiers chrétiens formaient dans chaque ville, chaque localité, une association familiale, une communauté égalitaire, une société de secours mutuels, — comme en avait eu la Grèce, — qui avait son trésor social, alimenté par les dons généreux des adhérents, et qui servait à soulager tous les confrères malheureux. Cette caisse commune était administrée par des diacres et sous-diacres, sous l'autorité de l'évêque nommé par le peuple.

On conçoit que cette organisation démocratique devint vite féconde en grands résultats. Les communautés chrétiennes furent bientôt très riches et très prospères. Si d'autres religions, notamment l'Islamisme, n'ont pu s'établir qu'à l'aide de pouvoirs guerriers et de combats sanglants, on peut dire que le premier christianisme a détruit le polythéisme, ou paganisme romain, par une lutte de bienfaisance durant cinq à six siècles.

Appuyé sur l'argent et les intérêts matériels ou temporels, comme tout ce que fait la juiverie, le catholicisme triomphant et officiel est devenu à son tour intolérant, oppresseur, persécuteur, tyrannique, inquisiteur, tortionnaire, pour le service et la gloire de sa caste sacerdotale, de ses rois et de ses classes privilégiées. Le papisme incarne ce jésuitisme corrompu, le cléricalisme hautain et perturbateur, cette néfaste institution du moyen-âge personnifiée par tant d'antipapes et de papes criminels.

Aussi, depuis trois à quatre siècles, depuis l'infâme dynastie pontificale des Borgia, depuis la banqueroute morale du catholicisme, et même du christianisme dénaturé par des passions hypocrites, les honnêtes gens s'en affranchissent, comme toutes les nations qui veulent être durables, prospères, fortes et grandes par des institutions sincèrement démocratiques, fondées sur la justice et l'éternelle Raison, cette suprême voix de Dieu même qui inspire et soutient le mieux toute société humaine. Tous les patriotes clairvoyants répètent donc aujourd'hui le cri d'alarme du grand tribun, que la France pleure encore : « Le cléricalisme, voilà l'ennemi ! » Toute puissance qui pactise avec lui en est dupe ou complice.

II

L'empire romain espérait se défendre en martyrisant les premiers chrétiens ; il voulait confisquer tous les biens de leurs communautés laïques. Après le meurtre du pape évêque saint Sixte, un édit impérial dépouillait tous les sénateurs, nobles, chevaliers, chrétiens, patriciens et patriciennes, militaires, tous les propriétaires partisans de la dangereuse secte chrétienne.

On espérait que le trésor impérial, toujours à sec, s'accroîtrait ainsi d'une masse énorme de biens, exactement comme le moyen-âge papiste le fit fréquemment en persécutant les juifs financiers, en leur faisant rendre gorge, en abolissant par exemple l'ordre opulent des Templiers en 1312 ; on espérait surtout que la dissolution des communautés chrétiennes, entraînant la confiscation de leur fortune lentement accumulée, augmenterait considérablement les ressources du budget, attendu que ces communautés n'avaient point, comme aujourd'hui, un Crédit foncier national privilégié pour leur prêter hypothécairement des obligations *au porteur*, et lui permettant de revendiquer les immeubles en cas de dissolution.

Et puis, cette accumulation de richesse collective était une attraction puissante pour les prosélytes, car leurs avocassiers soutenaient faussement qu'en cas de dissolution des communautés, tous leurs biens devaient être partagés entre les associés survivants, sans aucune participation de l'État, ce qui promettait un vrai coup de fortune pour les gueux et misérables admis dans ces secourables associations.

Mais le droit romain condamnait une telle hérésie de légiste, comme l'équité et notre droit public condamnent cette fantaisiste jurisprudence. encore aujourd'hui pour les congrégations par exemple ; car est-il juste que les derniers associés héritent ainsi ou s'approprient des biens apportés ou produits par des membres défunts, des étrangers inconnus, des co-associés non parents, dans des associations qui ne sauraient exister et posséder légalement que -par la volonté nationale ? Tous les biens ne sont-ils pas incontesta-blement nationaux ? n'appartiennent-ils pas tous à la Patrie ? ne sont-ils pas attribués, concédés, régis, garantis par les lois ? et la loi, suprême expression de la justice du peuple souverain, ne peut-elle pas toujours ordonner ou modifier le genre de gestion, la propriété individuelle ou collective des biens terrestres, dans l'inté-rêt général ? Ne doit-elle pas prohiber ou détruire tout amoncelle-ment de biens dans une ou plusieurs mains, quand cet accapare-ment, cet entassement constitue un danger public, un état dans l'Etat, un péril national ?

En ceci, la conscience et les cultes sont tout à fait hors de cause et d'atteinte ; leur *liberté intime* reste toujours complète, car la loi ne règle que les manifestations ou les actes tangibles, les effets extérieurs ou matériels des sentiments de l'âme. Mais il est impossible que sous le masque d'un culte quelconque, la loi, juste et équitable pour tous, permette à des citoyens d'attenter aux liber-tés publiques en lésant l'intérêt général, l'intérêt d'autrui, celui de tous les citoyens égaux devant la loi.

III

C'est pourquoi le fisc impérial, ne pouvant évaluer la fortune de la communauté chrétienne de Rome sans le secours de la comptabilité occulte du trésorier, — le diacre Laurent, — la pré-fecture lui demanda communication de ses livres de recettes et de dépenses, en lui ordonnant de livrer le trésor dont il était simple dépositaire. Un comptable honnête, exact, non concussionnaire, n'eût pas hésité à fournir son compte de gestion à l'autorité publique Mais il paraît que ces singuliers percepteurs cléricaux dissimulaient bien des dilapidations.

Citons un chroniqueur catholique moderne, imitateur d'Appolonius de Tyane, de Siméon Métaphraste, de Voragine, et continuateur des Bollandistes, ces merveilleux brodeurs de la vie des saints, qui a écrit d'après les documents contemporains et la tradition :

« Le diacre Laurent demanda le temps de réunir et d'inventorier son trésor ; mais, en caissier prévoyant, il avait d'avance converti en numéraire les vases précieux, caché les riches ornements, et distribué en aumônes toute la réserve de l'Eglise. C'était son seul moyen de « sauver la caisse ». Il revint le lendemain, suivi des pauvres chrétiens nourris par la communauté : « Voici, dit-il au préfet, les trésors de l'Eglise ! » du même accent ironique dont Cornélie, mère des Gracques, montrant à une dame romaine ses jeunes enfants, lui disait : « Voici mes bijoux ! » De ce trait goguenard le préfet se sentit outragé dans son autorité légitime. Il condamna le révolté Laurent à être brûlé vif. Telle était alors la loi brutale que les chrétiens ont cruellement appliquée aux libres penseurs, quand le clergé a été le maître.

« On étendit donc le martyr sur le gril de la justice impériale.

« En lui faisant subir le lent supplice du feu, le préfet Secularis cherchait à lui arracher avant la mort la révélation des richesses de l'Eglise ; c'était en même temps la torture et la peine capitale. On raconte que Laurent eut le courage de dire à son juge : « Ce côté est assez cuit, fais-moi retourner pour rôtir l'autre ! » puis : « Mange maintenant ton sacré bifteck ! » Ayant lancé cette dernière raillerie, le diacre réfractaire leva les yeux au ciel et mourut en priant le Dieu des chrétiens.

« Avec lui furent immolés ses complices, le prêtre Sévère, le sous-diacre Claude, le lecteur Crescent et le portier Romain. Leurs corps furent probablement enterrés dans le cimetière de Cyriaque, sur la voie Tiburtine. »

Ici la légende et l'histoire se confondent. Sans douter le moins du monde de la véracité du supplice à Rome du diacre Laurent, si terriblement châtié pour détournements ou malversation frustratoire, supplice bien propre à donner la chair de poule à nos braves caissiers, on peut affirmer que beaucoup d'autres citoyens romains portaient le nom de *Laurent*, et que dans les nombreuses persécutions contre les premiers chrétiens, on a certainement martyrisé plusieurs Laurent. Différentes localités, situées généralement près de cours d'eau, s'appellent *Saint-Laurent*, sans doute parce que l'eau éteint le feu, et qu'il y a quelque corrélation ou opposition entre l'inondation et l'incendie, figurés par le martyre de saint Laurent, qui s'est joué du feu en le bravant, comme une salamandre dans les charbons ardents.

Quoi qu'il en soit, une tradition constante établit que, cette même année 258, par une singulière coïncidence, un saint Laurent a été rissolé par les Mâconnais, comme nous allons le raconter avec témoignages indéniables.

IV

La Bresse (Brixia) était alors couverte de forêts marécageuses, dont la lisière longeant la Saône était appelée par les Romains la *forêt de Magnence*, ainsi que l'atteste le nom de l'antique localité dénommée encore de nos jours Feuillant, Feillens, pays des bois feuillus, qui semble avoir été habité dès la plus haute antiquité, et avec lequel les Phocéens et les Phéniciens ont dû faire du commerce, aussitôt après la fondation de Massilia (Marseille) et de Lugdunum (Lyon), six siècles avant J.-C., et sur l'emplacement central si bien situé où se trouve Mâcon.

La volaille gauloise devait déjà être très renommée, très recherchée dans ces parages, ainsi que les porcs et les saucissons dits de Lyon ou de Mâcon, fort appréciés encore aujourd'hui des Méridionaux. Jules-César et Polybe certifient que cette contrée ébusienne était fertile en blé et grains, et cela bien avant l'ère chrétienne.

Les bords de la Saône sont défrichés depuis une époque relativement récente, témoin une cession faite en mars 1182 par la comtesse de Veyle à l'église de Mâcon de deux portions de forêts entre Pont-de-Veyle et Mâcon et près du village de Bey. Ces bois, au XVIII° siècle, étaient devenus des pâturages et de belles prairies, sur lesquelles le Chapitre Saint-Vincent de Mâcon avait encore des droits.

Les bois au sud de Saint-Laurent, appartenant à l'évêché de Mâcon fondé en 520 par le roi de France, s'appelaient au Moyen-Age le *Bois-Chétif* ; et la forêt, au nord, a été possédée, après Charlemagne, par les sires de Bâgé, comtes et marquis de la Bresse, institués en 830 par Louis-le-Débonnaire, avec des possessions dépendant précédemment de l'Eglise de Mâcon, dont ces fameux sires n'étaient d'abord que des vassaux ou gardiens ruraux. En signe de leur sujétion, les seigneurs de Bâgé faisaient une offrande annuelle, à l'église Saint-Vincent, de cent livres de cire sur un bouclier, et d'une petite pièce ou maille d'or. Ce quintal de cire a été réduit à 72 livres en 1489 par le duc de Savoie, comte de Bresse et marquis de Bâgé. Ce droit féodal a été aboli en 1789.

Dans cette région forestière, le bois ne coûtait alors que la peine de le prendre. Cette facilité d'appropriation paraît s'être perpétuée là avec ténacité, parmi ces populations agricoles et spéculatrices, mâtinées ensuite de Germains, d'Arabes, de Hongres, de Sarrasins et autres déprédateurs, aux goûts éminemment mercantiles, tellement que, jadis encore, si par hasard un loustic y criait : « Au voleur ! » presque tout le monde se sauvait..... jusqu'à l'église ! en passant par un portail monumental surmonté d'une madone, avec l'inscription suggestive : *Janua cœli*, Porte du ciel ! Vague réminiscence de l'ancien culte de Mercure, le dieu païen vénéré tout à la fois par les marchands et les voleurs.

L'histoire rapporte qu'après la sanglante bataille de Poitiers (732), où les Musulmans furent écrasés par Charles-Martel, une colonie errante ou bande de Sarrasins est venue s'établir, sous la direction de quelques Beys, dans l'antique station gallo-romaine de

Feillens. Plus tard, des troupes de Maures d'Espagne ou de Septimanie remontèrent plusieurs fois le long du Rhône, en saccageant les villes et les monastères de cette riche vallée, jusqu'en Bourgogne. Mais en 1033, les roitelets du pays se liguèrent contre ces pirates africains, les battirent en Provence et leur firent repasser la Méditerranée.

Les descendants de ces Maures envahisseurs, dont la plupart, surtout les femmes, sont inspirés par un cléricalisme forcené, sont encore reconnaissables par leur type kabyle, leur teint basané et leurs mœurs singulières. Les Feillendis ou Feillassis ne se confondent pas avec les populations circonvoisines et se distinguent généralement par leurs talents mercantiles et leurs aptitudes au négoce. Ils vont butiner au loin, de tous côtés, mais ils souffrent difficilement que des gens du dehors viennent s'établir parmi eux. Mais, en général, les Feillendis valent mieux que la réputation qui leur a été faite dans le pays par quelques coureurs de foires, parfois peu délicats. Leur francisation progresse sensiblement.

Il existe encore, dans l'importante commune de Feillens, le hameau d'Es-Beys, Au-Bey, Ebey ou Ebez ; parmi les noms patronymiques il y a de nombreux Bey-vit (Bévy), Bey-rit (Berry), Bey-renaît (Bernet), Bey-richard (Berchard), Bey-reine-au-lin (Bernollin). Plus au sud, dans le canton de Pont-de-Veyle, il y a la commune de Bey, où l'on trouve le nom patronymique Dom-Bey ou Dombey (seigneur Bey). Une famille qui paraît être l'une des plus anciennes de Feillens est celle des Gallion, nom martial qui dérive clairement de Gall ou Gaulois-Lion. Celle des Gollois paraît aussi ancienne que celle des Gollin ou Gaulin. Ces étymologies valent celle de « Babet » dérivant de « Clovis ».

<h2 style="text-align:center">V</h2>

Au temps de la domination romaine, un plébéien de Matisco (Mâcon), batelier ou nautonnier surnommé *Rend-l'eau*, à cause de son profond dégoût pour l'élément aquatique, sur lequel il flottait journellement bien à contre-cœur, était l'un des plus fervents adorateurs de Bacchus, le divin protecteur du Mâconnais, pays que les Romains avaient couvert de vignes, comme leur belle péninsule italienne.

Rend-l'eau se distinguait parmi les prolétaires gallo-romains de ces contrées viticoles qui, bien avant les Irénée, les Pothin, les Nizier, les Trivier, les Bénigne, etc., s'étaient convertis d'enthousiasme à la doctrine démocratique du miséreux charpentier nazaréen, de cet humble paria de sang royal, crucifié par les odieux pharisiens juifs, parce qu'il était trop bon publicain, trop bon *zig* comme disait la plèbe esclave; parce que ce céleste *avançon* d'une fille-mère, légitimé par le mariage, proclamait tous les hommes *frères* et *égaux* en un seul Dieu ; parce que ce savant à la bonne franquette n'était pas bouffi de grec et de latin, de diplômes des universités, ni chamarré de décorations vaniteuses ou d'insolents oripeaux ; mais surtout parce qu'il connaissait le précieux *truc* de transformer l'eau pure en excellent vin blanc, bien mieux que les plus célèbres chimistes, savants œnologues ou roublards mastroquets de notre moderne époque dite de lumière et de progrès.

Ordinairement *Rend-l'eau* se plaisait à chanter à tue-tête, sur la Saône et dans les *caboulots* de Matisco, de Lugdunum et de Cabillonum (Chalon), en ingurgitant le délicieux jus mâconnais, qui n'a rien de commun avec l'évangélique vin de Cana. ....rd, une ancienne barcarolle imitée des Grecs, et dont le refrain commençait par

> *Tous les méchants sont buveurs d'eau :*
> *C'est bien prouvé par le déluge ! (bis).*

et se terminant par

> *Vive l'amour et le bon vin ! (ter).*

chants bachiques profondément perturbateurs et corrupteurs de la pudibonderie romaine, si chatouilleusement farouche au dire du vertueux païen Juvénal.

Aussi, le boit-sans-soif *Rend-l'eau*, signalé comme ivrogne invétéré, pornographe infect, ennemi de la tranquillité publique, quoique membre actif de la congrégation des Sauveteurs Mâconnais, fut-il, un beau jour de fête et de goguette, happé dans une taverne par la police romaine de Matisco, et amené, vêtu comme notre grand-père Adam avant le grignotement de la pomme d'Eve, sur la rive opposée, en face des quais de Mâcon, qui existaient alors au-dessus de la rue Municipale ou Carnot, les quais actuels ayant été construits plus tard sur le lit même de la Saône.

Saint-Laurent n'était alors qu'un ilot ou atterrissement, sur lequel étaient construites des baraques de pêcheurs, autour d'un emplacement qui servait au marché des denrées du pays de Bresse, et à leur embarquement sur la Saône. Ce lieu commercial est ainsi l'un des plus anciens de cette région ; il était comme une annexe, un faubourg de Matisco, séparé par la Saône, et servant de point de ralliement entre la Bresse et le Mâconnais.

C'est là qu'aboutissait déjà, comme aujourd'hui, le principal chemin transversal de Bresse, entre le Bugey et le Mâconnais, longeant les coteaux au nord du bassin de la Veyle. Ce point favorable d'arrivée sur la Saône a sans doute déterminé la création de l'antique Matisco, qui a succédé à la station préhistorique de Solutré, après que la Saône et ses affluents eurent cessé de submerger la vaste plaine de Brixia, en creusant le chenal de Vaise, au-dessus de Lyon.

Au VII° siècle, les évêques-seigneurs de Mâcon élevèrent à *Saint-Laurent* un monastère ou abbaye de chanoines, qui jouissaient des revenus bressans de l'église de Mâcon, notamment des dîmes de Bâgé-la-Villa, où se trouvaient quelques fermes exploitées par des serfs ou esclaves des évêques.

Quand cette grande terre de Bâgé eut été affectée, en 830, par Louis-le-Débonnaire à son vieux capitaine Wugo, qu'il récompensa en le faisant comte de Bresse et sire de Bâgé, les descendants de Wugo construisirent à *St-Laurent* un château-fort, dont il ne reste plus trace, non plus que de l'antique abbaye.

Au Moyen-Age, Bâgé-le-Château, siège féodal de la Sirerie, était devenu une petite ville fortifiée ; mais Saint-Laurent-lès-Mâcon restait toujours la principale ville de la seigneurie. Toutefois, elle était trop près du comté de Mâcon et dans une position peu favorable, entourée de bas-fonds humides, pour pouvoir se développer et s'agrandir, comme sa voisine mâconnaise

VI

La population païenne de Matisco s'était donc promptement massée sur les quais, pour jouir aisément de cette exemplaire exécution d'un méchant alcoolique, disaient les honnêtes païens, d'un prolétaire hargneux, effrayant et dangereux socialiste, d'un de ces affreux révoltés chrétiens, ilotes ou esclaves mis hors la loi : parce qu'ils s'obstinaient à vouloir saper les fondements de l'Empire, en ébranlant les bases indestructibles de l'inattaquable société gallo-romaine, ce modèle irréprochable de toutes les civilisations humaines, comme on sait. Quand on veut noyer un chien, on dit qu'il est enragé. Et de fait, l'assoifé nocher *Rend-l'eau* était véritablement un animal hydrophobe.

Le pauvre diable, couché et enchaîné sur un vaste gril à poissons, rissolait donc joyeusement comme une appétissante friture de cannibales, chère aux dieux et demi-dieux de l'Olympe, ou tel qu'un jeune et succulent compagnon de saint Antoine, au-dessus d'un énorme bûcher, dressé sur le lieu même qui est devenu, depuis, la place du marché de la charmante petite ville de Saint-Laurent-lès-Mâcon.

Comme ce saint martyr de la liberté de conscience paraissait suffisamment cuit du côté droit, ses cruels bourreaux le délièrent pour le faire frire de l'autre côté. Mais ce dur-à-cuire, à la barbe et aux cheveux tout roussis, souriait béatement à ses farouches exécuteurs, en psalmodiant des hymnes et refrains sacrés, assaisonnés d'horribles imprécations ou exclamations séditieuses, telles que : « Vive la liberté !.. l'égalité !... la fraternité !... A bas les tyrans !... Mort aux despotes !.. Périssent les patriciens et leurs faux dieux !..» Car les chrétiens, les publicains et les pauvres hères ou esclaves d'alors ne connaissaient pas encore notre *Marseillaise* gauloise, hymne sublime et libérateur de tous les opprimés, mais dont l'immortel et divin esprit seul les inspirait et les soutenait héroïquement.

Tout à coup, se sentant libre de chaînes, le bienheureux *Rend-

l'eau fit soudain un saut de carpe si prodigieux qu'il alla choir et disparaître en pleine Saône, au profond ébahissement des spectateurs stupéfaits et désappointés.

Les chrétiens présents, reconnaissant le doigt visible, le tout-puissant ressort de Dieu même dans un tel saut périlleux, dans un si miraculeux plongeon, applaudirent vigoureusement à ce merveilleux tour de force. C'étaient pour la plupart de pauvres pêcheurs, dont les misérables cahutes s'élevaient le long de la rive, près des eaux somnolentes, sur de grossiers pilotis. Comme tous les plébéiens, ils étaient admirateurs enthousiastes des supériorités matérielles, de la force musculaire des gladiateurs, lutteurs, gymnastes, bestiaires, hercules de tous genres, et les femmes en étaient, comme toujours, superlativement éblouies, enchantées et fascinées. Cette exaltation de la force brutale n'a pas peu contribué aux succès extraordinaires des armées romaines. Cet esprit s'est perpétué, dans le Midi, sous la forme des combats d'animaux et des courses de taureaux.

Or, pendant que les sbires du paganisme exploraient les bords de l'Arar, en aval de Mâcon, où *Rend-l'eau*, pensaient-ils, avait dû naturellement être entraîné par les flots, le rusé plongeur, qui nageait comme un goujon, remonta le courant entre deux eaux et vint atterrir ou échouer un peu au nord, parmi les roseaux, près de l'endroit où s'élève actuellement la coquette église paroissiale de Saint-Laurent.

VII

Cette église est bâtie sur le tombeau même d'une grande et populaire sainte, admirable pécheresse comme la biblique Marie-Madeleine, de Magdala, — à qui Jésus pardonna beaucoup parce qu'elle avait beaucoup aimé, — et qu'on nommait la *Belle-Dumont*. Ce vocable significatif a servi à dénommer l'une des plus anciennes et principales rues de Saint-Laurent, où cette Madeleine bressane habita longtemps pendant sa jeunesse, et revint mourir en odeur de sainteté.

Devenue vieille et un peu délaissée, la Belle-Dumont transporta son hermitage hospitalier au-delà des prairies, sur un point insubmersible de la paroisse de Replonges, au croisement des routes de Pont-de-Veyle à Feillens, et de Mâcon à Bourg.

Ce lieu élevé servait d'entrepôt général et de rendez-vous pour les marchands de bestiaux, de peaux et de laines de la contrée ; aussi le désignait-on sous le nom expressif de *l'Amas-de-laines*, ainsi que l'atteste ce refrain d'une barcarolle gréco-romaine, qui s'est perpétué jusqu'à nous, et que les rameurs gaulois chantaient à plein gosier dans leurs balancelles, sur les flots berceurs et cadencés de la somnolente et silencieuse Arar :

> *A l'ombre des grands chênes,*
> *Pleins d'amoureux oiseaux,*
> *Nos gros* amas de laines
> *Sont à l'abri des eaux.*

Ce nom de l'*Amas-de-Laines* a été transformé, par un bizarre jeu de mots, en celui de *La Madeleine*, après le séjour de la Belle-Dumont, surnommée la *Plongearde* ou la *Replongearde* ; c'est ce dernier qualificatif qui a servi à nommer la paroisse de Replonges et à désigner ses gracieuses paroissiennes, qui sont encore les principales laitières de Saint-Laurent et de Mâcon.

On affirme que la chapelle de La Madeleine a été bâtie à la place même de la chaumine de cette sainte pécheresse, repentante sur ses vieux jours, comme toutes les converties qui se donnent à Dieu quand le diable n'en veut plus.

Le marché régional, qui se tenait primitivement à l'*Amas-de-laines*, a été reporté ensuite à Saint-Laurent-lès-Mâcon, sur le bord même de la Saône, au port d'embarquement des denrées et marchandises du pays brixien, et aujourd'hui encore, malgré les chemins de fer et les tramways, Saint-Laurent est le centre industriel d'un commerce très important pour cette contrée.

VIII

Mais qu'était devenu le bienheureux plongeur Rend-l'eau dans la Saône, au sein de cette nappe moëlleuse, ainsi que la comparaient les poëtes du cru, étendue mollement sur un vaste tapis de verdure, comme une odalisque orientale vêtue d'azur aux reflets argentés ?

Ce bain froid, survenu fort à propos, avait été des plus salutaires au pauvre fricassé ; mais, hélas ! ses profondes brûlures étaient mortelles. Rend-l'eau, épuisé, demi-mort, s'évanouit dans les herbes aquatiques ; il y rendit le dernier soupir, et le lendemain la Belle-Dumont avec quelques pêcheurs trouvèrent en cet endroit son corps à moitié carbonisé, qu'ils ensevelirent charitablement, mais secrètement, à peu de distance de là.

Ce mystérieux tombeau devint bien vite un objet de vénération parmi ces populations incultes et crédules, sous le nom du saint que *l'eau-rend*, ou saint *Laurent*.

Il va sans dire que ses sacrées reliques, échappées si providentiellement au feu et à l'eau, opérèrent bientôt des miracles aussi naturels que mirifiques, précédant et éclipsant ceux-mêmes du célèbre diacre espagnol Vincent, de la basilique de Mâcon, ce saint qui *sent le vin* (Vincent), l'illustre successeur de Bacchus, patron des vignerons et gardien des vignobles.

Les reliques de ce Saint-Vincent furent apportées de Sarragosse en 543, par le pieux roi de France Childebert, qui les déposa partiellement dans les églises de Mâcon, Chalon et Saint-Germain près de Paris. Ces saintes reliques ne sont donc pas du tout apocryphes, comme tant d'autres que l'on présente à la vénération des fidèles, dans divers sanctuaires éloignés, en double, triple ou quadruple exemplaire ! et même davantage

Les reliques ont toujours été de véritables trésors pour les églises, comme chez les païens ; elles étaient, au moyen-âge, d'inépuisables mines d'or, et, de nos jours encore, elles opèrent des prodiges merveilleux, quand elles sont habilement exploitées.

Saint-Laurent guérissait notamment et guérit encore, assure-t-on, les maux de dents, ce douloureux mal d'amour, les ardeurs ou les feux de la fièvre ; il favorise la pêche miraculeuse et la rapide multiplication des poissons, tout en inspirant aux fervents Saint-Laurentins une salutaire horreur de l'eau pure, au grand profit des fameux vignobles du Mâconnais.

En cet heureux temps reculé, les négociants et gargotiers de Lutèce n'accaparaient point les meilleurs crus, en ne laissant aux indigènes, comme aujourd'hui, que les vins factices de deuxième et parfois de troisième cuvée, ou des mixtures chimiques n'ayant qu'un faible contact avec les raisins secs des Péninsules méditerranéennes ; car jamais l'on ne fabrique plus de vin que lorsqu'il n'y a point de raisin. Et voilà que des chimistes trop ingénieux viennent d'inventer non seulement des liqueurs en bâtons d'essence, mais du vin à sec, en tablettes, en pains, briquettes ou drogues en motte, qu'il suffit de faire dissoudre dans de l'eau pour obtenir de l'excellent vin !

Il est bon de ne pas confondre Saint-Laurent-lès-Mâcon avec Saint-Laurent-des-Sables, petit hameau de la commune de Manziat, plus au nord, et dont l'origine, relativement récente, est due à un simple oratoire élevé là en l'honneur du célèbre saint Laurent de Matisco, qui est en grande vénération dans tout ce pays.

Ce saint est le patron de plusieurs paroisses, notamment de la ville du Creuzot. -- Chalon-sur-Saône a un quartier et un pont Saint-Laurent. — Ici, il protège contre le feu ; là, contre l'eau ; ailleurs, il favorise la batellerie ; plus loin, il est un merveilleux pompier et rivalise de puissance avec l'ardente sainte Barbe, la patronne hirsute des artificiers et des sapeurs.

Tous les fétiches accomplissent des prodiges ; tous les cultes ont des thaumaturges ; il y a partout des talismans, des amulettes, des panacées contre tous les maux ; car la misérable humanité a tellement besoin de consolations, de secours et d'espérance, qu'elle en a toujours puisé dans les illusions et les chimères. Le bonheur est relatif et souvent imaginaire ; l'idée, l'imagination seule réalise parfois de merveilleux effets corporels, comme aussi d'étranges ou dangereuses aberrations.

Comme fiche de consolation, les sbires et les fanatiques païens, qui n'avaient pu retrouver le cadavre du martyr Laurent sur les berges basses de la dormante et superbe rivière, revinrent danser une ronde échevelée, une sarabande effrénée, en vociférant une hideuse *Carmagnole* patricienne du temps, autour du bûcher toujours flambant. Cette chorégraphie sauvage, en dehors des règles de Terpsichore, se prolongea bien avant dans la nuit noire, diamantée d'étoiles scintillantes, longtemps après que le soleil, radieux dans un ciel pur, eut éteint ses immenses flammes de Bengale rose et or, derrière les cimes assombries des Cévennes centrales, qui forment là les plus splendides panoramas.

C'est même depuis cet événement mémorable que les Mâconnais vinrent faire flamber leurs bûchers de joie et tirer leurs feux d'artifice à Saint-Laurent, où ils peuvent les admirer plus à l'aise, du haut des quais modernes de l'ancien Matisco, conquis sur la rivière, par-dessus les vagues miroitantes de leur large et langoureuse Arar, dont la surface glauque est sillonnée, lors de ces fêtes pyrotechniques et nautiques, de gondoles, nacelles, esquifs, barques et canots, illuminés de lanternes vénitiennes, aux feux multicolores, et d'où s'élancent de capricieuses fusées qui élèvent jusqu'au firmament sombre leurs éblouissantes pluies d'étoiles aux couleurs nationales.

IX

Saint-Laurent dépendait anciennement de Mâcon et de son évêché, ainsi que l'atteste la fondation d'un monastère ou chapitre de chanoines faite au faubourg Saint-Laurent-lès-Mâcon, en 574, par le pieux roi Mérovingien Gontran, qui lui donna des dîmes et revenus en Bresse, principalement à Bâgé-la-Villa. Mâcon eut ainsi jusqu'à cinq abbayes ou monastères, ayant des intérêts distincts de ceux de l'évêque, ce qui amena moult chicanes et divisions entre eux.

Louis-le-Débonnaire avait fait don à l'église de Mâcon du *tiers* du péage sur la Saône. En 855, Charles-le-Chauve renouvela cette donation, toujours à la sollicitation de l'évêque. Le deuxième tiers fut affecté au comte de Mâcon, en 880, et le troisième tiers au comte ou sire de Bâgé, marquis de Bresse.

En 963, Théotelme de Bâgé, de la famille des sires, devenu évêque de Mâcon, pour montrer sa gratitude envers ses parents, inféoda *de nouveau* la seigneurie de Bâgé en faveur de son neveu Hugues, marquis de Bresse, contre la simple redevance annuelle et perpétuelle de cent livres de cire et d'une obole d'or offerte à l'église de Saint Vincent, en signe de vassalité. Cet arrangement de famille établissait définitivement la grandeur des petits sires de Bâgé, qui avaient ainsi le talent de donner un œuf pour avoir un bœuf ; ils gardaient tout le miel, en ne donnant à Dieu qu'un peu de cire.

Il paraît qu'ils avaient ainsi trouvé le moyen d'accaparer Saint-Laurent avec les revenus de son chapitre de chanoines ; car, en 964, ce même évêque Théotelme, pris de remords ou regimbant contre la gloutonnerie des sires, ou cédant aux justes reproches de ses chanoines, fit incorporer *de nouveau* à la propriété de l'église Saint-Vincent, par un décret *royal*, l'abbaye de Saint-Laurent, qui en avait été séparée *depuis longtemps*.

Les tiraillements, les luttes et les batailles continuèrent entre Mâcon et Bâgé, et le pauvre Saint-Laurent se trouvait ainsi entre l'enclume et le marteau. Ce faubourg paraît avoir été encore séparé de Mâcon par les héritiers du sire Raynal de Bâgé, devenu comte de Mâcon, en 1154, par son mariage avec la fille unique d'Etienne, fils de Guillaume, comte de Mâcon. La destruction du monastère de Saint-Laurent leur permit de s'approprier ses redevances.

Mais Saint-Laurent rentra bientôt dans le giron de l'église de Mâcon ; car l'histoire rapporte que pendant la guerre de Philippe-Auguste, roi de France, contre les Anglais et l'empereur d'Allemagne, Othon, en 1203, la Bourgogne et le Mâconnais furent dévastés par des troupes de bandits, qui saccagèrent horriblement les églises et les monastères, notamment l'abbaye de Saint-Pierre de Mâcon. L'évêque de cette malheureuse ville, Ponce de Thoire-Villars, se mit sous la protection d'Ulric, puissant sire de Bâgé, auquel les chanoines de Saint-Pierre cédèrent la *moitié* du revenu de toutes leurs seigneuries en Bresse, *y compris Saint-Laurent*. Ce traité d'alliance et de protection augmenta beaucoup la richesse et la puissance du sire de Bâgé, qui s'empressa de jurer foi et hommage, *de renouveau*, à l'évêque de Mâcon, à l'église de Saint-Pierre et au prieur, en bénissant certainement, *in petto*, les bons brigands qui lui valaient cette riche aubaine ! Et dire qu'il y a encore des imbéciles, ou des gredins, qui regrettent ce bon vieux temps !... et voudraient le ressusciter !!

Un exemple, entre mille, prouve en quel profond mépris la prétraille d'alors et sa religion étaient tenues par les sinistres hobereaux du moyen-âge, de cette lugubre époque de fer, de sang et de larmes.

Lors de la dislocation de l'empire romain sous les Barbares du nord, et son effondrement dans sa propre pourriture, les premiers évêques chrétiens, mariés pour la plupart, en recueillaient partout adroitement les épaves, au profit d'eux-mêmes, de leurs familles et de leurs églises. Elus par les suffrages des fidèles, ils s'autorisaient d'une ombre de démocratie, de la volonté d'une plèbe naïve, ignare et crédule, qu'ils flagornaient en la conduisant par le nez et par la crainte, comme les druides et les prêtres païens.

Les conquérants germains, les Burgondes, les premiers rois Franks ou Mérovingiens, s'appuyèrent donc sur la primitive Eglise pour sanctionner ou légitimer leurs violentes usurpations aux yeux des peuples conquis. Ils flattaient ou caressaient les évêques en dotant richement leurs églises, en fondant des monastères, en les comblant de largesses, en leur confirmant des privilèges ou leur accordant l'autorité religieuse, civile, sociale, militaire, et la possession territoriale que les Romains ne déléguaient qu'à de simples fonctionnaires amovibles et révocables. Ainsi fit Clovis Ier.

Les maires du palais et leur fils Charlemagne, s'autorisèrent de cette puissance ecclésiastique pour supplanter les rois Mérovingiens A voleur, voleur et demi. Mais les descendants Carlovingiens devinrent les premières victimes du double Minotaure ou Moloch qu'ils avaient follement fortifié ; c'est-à-dire d'un monstre à deux têtes avec une multitude de queues : l'Eglise et les seigneurs militaires, qui constituèrent l'horrible féodalité, désastreuse décentralisation qui écrasa le peuple en annulant la misérable royauté, jusqu'à Louis XI (1461 à 1483). Ce coquin couronné mérite cependant la gratitude des Français pour les coups mortels qu'il a portés à l'hydre féodale, dans le seul intérêt égoïste de son trône, bien entendu. Ce gredin de roi vint notamment et rudement batailler dans le Mâconnais, contre les divers comtes du pays bourguignon.

Ces ducs et comtes s'étaient taillé d'amples domaines dans les territoires précédemment concédés aux églises, aux évêchés et aux monastères. D'abord simples gardiens ou protecteurs des biens d'église et des pasteurs, les seigneurs laïques dépossédèrent bientôt les maîtres religieux par artifice ou force brutale. Plus tard, l'Eglise ne se maintint et ne récupéra une partie de ses biens que par l'excommunication et les croisades, par des captations, promettant le paradis aux bonnes âmes spéculatrices, mais surtout par le célibat des cadets de famille qu'elle recueillait dans son sein, ou en faisant cause commune avec les seigneurs. Le célibat des gens d'église a plus contribué à corrompre la religion et à troubler le monde que l'orgueilleuse richesse des grands et la misère des peuples, bien plus que le militarisme et la prostitution.

Cette alliance des bergers et des loups, pour exploiter le vil troupeau, était constamment troublée par des démêlés, des tiraillements, des conflits et des dévastations. Albéric Ier, comte de Mâcon (931 à 942), et son allié momentané le sire de Bâgé, tous deux vassaux de l'évêque, ravagèrent les possessions de l'évêché pour s'en partager les dépouilles. Othon Ier, petit-fils d'Albéric, fils et successeur de Léotald (966 à 971), voulut imiter son impie grand-père qui avait fait manger l'avoine à son cheval sur l'autel de Saint-Vincent !

Furieux de ce que l'évêque Théotelme de Bâgé avait concédé aux sires, ses parents, cette belle seigneurie de Bresse, Othon s'empara de plusieurs domaines de l'évêché. Théotelme le menaçant des foudres de l'Eglise et de la vengeance royale, le comte de Mâcon brava l'évêque et ses chanoines en pleine cathédrale, où il se précipita à cheval avec une troupe de soudards, et il allait accomplir son sacrilège, quand l'ire divine l'arrêta court. Une chronique monacale dit avec horreur : « Sa tête se retourna subitement, son cou se raidit paralysé et l'impie Othon ne put jamais regarder en face le maître-autel qu'il voulait profaner par son cheval ! C'est ainsi qu'il est flétri dans l'histoire sous le nom de comte au *col-tors !* Il mourut sans laisser de son infâme race ! »

Plus tard, vers 1158, Gérard, fils de Raynal III de Bâgé, devenu comte de Mâcon, mit cet évêché à deux doigts de sa ruine ; il ne fut sauvé que par l'intervention du roi de France. Le roi Louis IX racheta ce comté de Mâcon en 1241, et l'incorpora à sa couronne en 1245.

Le superbe pont de pierre qui relie Mâcon à Saint-Laurent, le Mâconnais et la Bresse, a été construit au commencement du onzième siècle, après la terrible famine de l'an mil, et toutes les horreurs, les fléaux ou calamités qui ont affligé notre pays à cette époque effroyable, suivant les moines de Cluny et les chroniqueurs chrétiens eux-mêmes Ce pont primitif fut édifié par l'évêque Gauthier de Beaujeu et Geoffroy, comte de Mâcon, parce que les populations misérables ne pouvaient plus payer la modique redevance ou droit de passage dû au batelier sur la Saône.

La non coopération du sire de Bâgé à cette utile construction atteste qu'il ne possédait plus alors aucune part de ce péage sur la Saône. Les habitants de Bâgé, Feillens, Manziat, etc., traversaient cette rivière aux bacs de Vésines et d'Asnières. Ce nouveau pont de Saint-Laurent avait vraisemblablement pour but principal de relier plus commodément Mâcon à son important faubourg bressan.

Dès lors, Saint-Laurent, semblable à un ilot des lagunes de Venise, au milieu des basses prairies de la Saône fréquemment débordée, pouvait dire fièrement, dans ses vicissitudes, comme l'antique Lutetia, devenue le splendide Paris : *Fluctuat nec mergitur !*

Rappelons qu'en 1239, l'évêque de Mâcon réclama justement une faible part du péage sur ce pont pour subvenir à son entretien, cette part étant à prélever sur celles du comte de Mâcon et de Guillaume de Vienne, doyen de Besançon ; et qu'à l'instigation de ce dernier dignitaire ecclésiastique, le prélat fut odieusement maltraité par le comte Jean de Brenne, suivant les jolies mœurs féodales.

Le 12 octobre 1423, à 10 heures du soir, la grande arche de ce pont de Mâcon s'abîma dans la Saône, grossie par des pluies extraordinaires. Une chapelle dédiée à saint Nicolas, et un corps de garde élevés sur cette arche, tombèrent dans la rivière ; le capitaine de la ville fut noyé ; quatre autres gardes, dont deux prêtres, furent sauvés miraculeusement.

X

Depuis que les hommes ne se contentent plus, comme les castors et les orangs outangs, de cahutes coniques ou cabanes de branchage et de boue, l'art de la construction, l'architecture a joui d'une juste considération publique. Lors de la découverte de l'Amérique, on y a trouvé des habitations, des monuments admirables ; l'Inde, l'Asie, l'Egypte, l'Europe même, ont été couvertes, dès la plus haute antiquité, de magnifiques constructions, dont les ruines gigantesques confondent notre imagination par la science et les efforts surhumains qu'elles attestent.

Bien avant les puissants Romains, longtemps avant l'opulent Salomon, dans le berceau même de l'humanité, les palais et les temples superbes ont proclamé orgueilleusement la puissance des rois et la grandeur du génie de quelques hommes. Mais antérieurement encore, presque à l'origine des sociétés, avant la merveilleuse mise en œuvre de la pierre et des marbres éclatants, l'art du charpentier s'est exercé au sein même des immenses forêts vierges.

Le *charpentier* était donc pour les hommes primitifs un être tellement utile et supérieur, que le christianisme n'a pas hésité à revêtir de cette noble profession son Dieu incarné. Le patriarche Noé, qui sauva le genre humain et le dota du bienfaisant nectar de la vigne, était un maître charpentier, un menuisier habile, qui mit un siècle à fabriquer son arche immense, son navire sauveteur.

La science des constructions navales marcha de pair avec celle des habitations terrestres. Des bateliers, de simples pêcheurs furent les apôtres ardents de la doctrine démocratique, du monothéisme formulé par Moïse, malheureux esclave égyptien sauvé miraculeusement des eaux dans un batelet de jonc bitumé.

Ces cathédrales superbes, ces splendides basiliques, ces palais grandioses, ces châteaux-forts imprenables, tant d'inexpugnables fortifications, qui résistent audacieusement à la dent destructive des siècles, ou dont les vénérables vestiges jonchent de toutes parts le lit ensanglanté et le sol cendreux des sociétés éteintes, tous ces admirables monuments ne sont, certes, point l'œuvre du bétail humain disparu, ni même de ses rustiques et farouches bergers. S'ils ont surgi de terre à l'aide du pénible travail des esclaves, des fellahs, des serfs et des grossiers prolétaires, grâce aux lourds impôts extraits de leur sang et de leurs sueurs par leurs tyrans et despotes, il est évident que ces merveilleux édifices sont l'œuvre, le produit, la création, la brillante manifestation d'un talent, d'une science générale, universelle, internationale, cosmopolite, dont l'éclosion, le vaste champ d'action n'était point borné aux étroites limites, aux frontières des petits peuples anciens.

On dit avec raison que le génie, la science et les arts sont universels, qu'ils n'ont de patrie que le monde entier, comme l'Intelligence infinie dont ils émanent. Chaque nation a un talent particulier ; mais il n'y a point de sciences ni de philosophies nationales. Les chefs de peuplades, les directeurs et les souverains des nations, dans l'intérêt même de leur pays et de leurs sujets, ont toujours bien accueilli, ont sollicité même les améliorations et les progrès, les découvertes et les inventions des étrangers. Aussi, les savants, les penseurs, les philosophes, les inventeurs, les marchands, les industriels, les constructeurs, architectes, charpentiers, maçons, artistes, etc., ont toujours été favorisés par les grands rois, les princes habiles, les puissants de la terre un peu clairvoyants, qui n'étaient point esclaves eux-mêmes d'une opinion étroite, égoïste, stationnaire ou rétrograde. L'homme instruit est un homme libre, qui se sent l'égal des riches et des puissants.

Ces ouvriers de l'esprit, tous les travailleurs de talent ont donc été toujours et partout les bienvenus, les privilégiés recherchés par les amis du beau, du bien et du mieux ; ils allaient aisément d'un peuple chez un autre ; citoyens du monde, ils n'étaient attachés nulle part, et rarement se fixaient en un lieu pour toujours. Ce sont eux qui ont maintenu dans l'univers, bien mieux que les propriétaires du sol et des plèbes, le flambeau de la liberté, de l'égalité, de l'indépendance, de la solidarité humaine, de l'assistance mutuelle.

Par une affinité naturelle, ils s'associaient, se groupaient entre eux, pour exercer collectivement leur métier ou profession, et se rendre en troupe où le travail les appelait. De là l'origine des corporations, des sociétés, des corps de métiers, des divers compagnonnages, qui jouissaient de certaines immunités ou franchises, semblables aux libertés mêmes du grand Architecte de l'univers.

C'est ainsi que les maçons, corporation la plus nombreuse et la plus importante, se disaient *francs*, ou *francs-maçons*. Leur organisation remonte à l'origine des civilisations, plus haut que la tour de Babel et les pyramides d'Egypte, bien avant le célèbre architecte Hiram et le temple de Salomon. La société bienfaisante et philosophique de secours mutuels entre francs-maçons est bien plus ancienne que tous les royaumes grecs et l'empire romain, et que toutes les antiques monarchies disparues à l'Orient comme à l'Occident du vieux monde.

Au moyen-âge, les francs-maçons d'Europe, artistes éminemment éclectiques, construisaient les vastes églises, les grands monastères, les châteaux, les riches maisons et les ponts indestructibles comme les aqueducs et autres monuments romains. Les constructeurs de ponts s'appelaient *pontifes*, et ils étaient en si particulière estime parmi les populations, que l'évêque de Rome, capitale de l'empire, n'hésita pas à prendre le titre de *souverain-pontife*, chef de son culte et de son clergé, qu'il organisa en imitant ou perfectionnant les sociétés religieuses païennes et celle des francs-maçons, dans le dessein évident de les absorber, de les inspirer et diriger pour son exclusif resplendissement sur terre, quoique son divin Maître ait avoué humblement que son royaume n'est pas de ce monde. Le pape succédait ainsi au « grand pontife » païen.

Et de fait, jusqu'au xviiie siècle, plusieurs évêques et beaucoup de membres du clergé catholique ont fait partie de la société des francs-maçons. On assure même que le pape Pie IX, le premier proclamé infaillible, s'y était fait affilier, en Amérique ou ailleurs.

En 1137, Pierre-le-Vénérable, abbé de Cluny, dans une réponse très sensée qu'il écrivait à son fougueux confrère saint Bernard, réformateur de Citeaux et abbé de Clairvaux, lui avoue toute sa pensée, en disant : «.... les moines redoutent les moines, les Cisterciens redoutent les Clunistes ; que ces soupçons disparaissent et que chacun apprenne à aimer son semblable ».

Cette ère si désirable de paix et de concorde universelle, que tous les bons esprits appellent depuis si longtemps de tous leurs vœux, sous l'égide du Rationalisme, semble, hélas ! ne s'avancer qu'à pas de tortue, à travers les conflits de furieux intérêts contraires.

Aujourd'hui, devant l'antagonisme des divers cultes, devant la recrudescence des violentes diatribes, des accusations extravagantes, des anathèmes et malédictions féroces, lancés par le jésuitisme papiste contre les plus vertueux francs-maçons, n'est-on pas en droit d'admettre que cette croisade acharnée, furibonde, insensée, désespérée, n'est qu'une question de boutique ou de compétition commerciale ? que toute cette fureur cléricale provient de ce que la franc-maçonnerie moderne, tolérante et bienfaisante, vaut infiniment mieux que le catholicisme monarchique et réactionnaire qui, sentant son inanité morale et se cramponnant aux seuls intérêts matériels, redoute avec rage d'être réduit à sa juste et minime expression pour le bonheur public, d'être annihilé ou supplanté enfin par le culte universel et meilleur de la Science et d'une saine Raison ? *Quos vult perdere Jupiter dementat.*

XI

Le pont de Saint-Laurent fut restauré complètement en 1552, sous l'épiscopat de François de Faucon. Cet évêque florentin vendit des indulgences et des dispenses, pour se procurer l'argent nécessaire à cette utile reconstruction. Tous les catholiques qui donnèrent des souscriptions à cet effet, eurent la permission de faire gras le samedi, depuis Noël jusqu'au 2 février, et de manger des œufs et du fromage, à un seul repas quotidien, durant le carême. En outre, on leva une contribution sur tous les habitants, de trois deniers par campagnard et de dix deniers par citadin de Mâcon. (Le denier était le douzième du sou, environ un-demi centime, qui valait alors près de cinquante centimes d'aujourd'hui.)

L'élargissement de ce magnifique et solide pont, par l'addition de ses trottoirs, est plus moderne : il ne date que du dernier siècle, ainsi que la grande levée, ou route nationale qui traverse la prairie de Replonges. Cette magnifique chaussée, longue d'environ trois kilomètres, a été construite de 1735 à 1745, et a coûté à la province plus de quatre cent mille francs, environ un million de notre époque. Les crues de la Saône la dégradent fréquemment et son entretien est très coûteux. Elle aurait besoin d'être encore exhaussée, élargie et consolidée au sud par un mur de pierres.

La ville de Saint-Laurent-lès Mâcon n'a pas joui d'une charte de franchises, dès le XIII⁰ siècle, comme Bâgé, Pont de-Vaux, Bourg, etc. Elle a suivi les usages et coutumes de Mâcon ainsi qu'Asnières et Vésines, où la coupée de terrain est celle du Mâconnais (3 ares 96), et non celle de Bresse (6 ares 595).

De 1272 à 1601, l'histoire de Saint-Laurent se confond avec celle de la Savoie, dont les possessions bressanes étaient limitées à l'ouest par la Saône, et avec l'histoire de la France depuis le traité de Lyon, de 1601, qui annexa la Bresse et le Bugey au royaume d'Henri IV.

C'est depuis lors que Saint-Laurent, dégagé enfin des misérables tribulations féodales, a pris sa marche ascendante vers le développement et la prospérité. au sein de la grande famille française, à l'abri de nos lois tutélaires de liberté et d'égalité, œuvre d'une saine et sage Démocratie éclairée, désormais seule souveraine des nations civilisées.

Les odieuses guerres civiles et politiques, entre catholiques et protestants, aux XVI⁰ et XVII⁰ siècles, et dont l'évêché de Mâcon eut fort à souffrir, furent aussi funestes à Saint-Laurent et villes voisines. Les derniers vestiges de son abbaye de chanoines disparurent alors totalement.

L'antique Saint-Laurent, ville gallo-romaine admirablement située en face de Mâcon, n'a été enrayée dans son accroissement que par l'inique féodalité. Elle n'est point comme tant de hideux repaires des farouches conquérants germains, qui établissaient leurs tanières comme des bêtes de proie, sur quelques points écartés, sauvages et culminants, d'où ils rançonnaient et ravageaient le pays. Ces cavernes de brigands féodaux, antres produits, soutenus, grandis par l'épée, ont été démolis par l'épée, comme le prophétise l'évangile ; ils ont périclité et disparu avec leurs ignobles seigneurs, et leurs débris informes, piètres et misérables, se dispersent au souffle puissant de l'intelligente Démocratie, sur les os pourris de leurs infâmes tyranneaux. Le pilori de l'Histoire et les malédictions des peuples doivent seuls rappeler l'horrible souvenir de leur apparition désastreuse, de ce cauchemar affreux qui a étouffé tant de générations stupides, abêties par l'ignorance, la violence, l'astuce et la superstition.

XII

La ville moderne, commerçante et industrielle de Saint-Laurent-sur-Saône tend donc naturellement à devenir tôt ou tard l'égale de Mâcon, par les mêmes causes de vitalité. Cette charmante patrie de Tony Révillon, l'éminent publiciste, l'ancien et honorable député républicain de la Seine, nourrissait naguère 1.800 habitants, des milliers d'oies plus renommées que celles du Capitole et de nombreux cochons très recherchés, suivant l'appréciation humoristique de son illustre enfant.

Aujourd'hui, cette cité naissante, favorablement placée sur la Saône, à côté de Mâcon, n'aura qu'à élargir et exhausser son emplacement privilégié, qui ne comprend pas 25 hectares, à s'assainir de plus en plus, comme les Brotteaux de Lyon, pour « croistre et embellir », pour se développer rapidement, en favorisant chez elle la vie agréable et économique, en attirant à elle irrésistiblement les innombrables amateurs de matelote et de bonne chère, en donnant un asile protecteur et privilégié à tous les progrès du commerce et aux merveilles de l'industrie nationale.

Bientôt, cette ville grandissante sera desservie par un tramway la reliant, à La Madeleine, à l'importante ligne Lyon-Trévoux-Pont-de-Vaux et Saint-Trivier-de-Courtés.

Un comité d'initiative, composé d'hommes de talent et de progrès, très dévoués au bien public, étudie et prépare l'établissement d'un tramway se prolongeant de La Madeleine, ou de la halte du Creux, par Replonges, Bâgé-le-Châtel, Bâgé-la-Ville, Dommartin, Saint-Sulpice, Montrevel, Etrez, Marboz, Pirajoux, jusqu'à la gare de Coligny.

Cette ligne transversale, qui rattachera directement le Mâconnais au Revermont et à la Franche-Comté, contribuera puissamment à la prospérité de la Bresse et à l'heureux développement de Saint-Laurent ; surtout lorsque cette ville sera reliée elle-même à la gare de Mâcon par un tramway allant de la gare de Saint-Laurent à celle de Mâcon, par le vieux pont de pierre actuel, le quai sud à Mâcon et l'ex-rue Joséphine.

Mais il serait infiniment préférable de relier les gares de Saint-Laurent et de Mâcon par un tronçon normal de chemin de fer P.-L.-M. allant en circuit, sur la rive gauche de la Saône, par un remblai à travers la prairie, depuis la gare de tramway de Saint-Laurent, rejoindre la grande ligne Mâcon-Genève, pour s'y embrancher et communiquer avec la gare de Mâcon par le pont du railway sur la Saône. Ainsi, le chargement des marchandises sur grands wagons et le service des voyageurs pour les grandes voies ferrées s'effectueraient commodément, sans frais, ni retard, ni transbordement, dans la gare même de Saint-Laurent, au grand avantage de cette localité, de la Bresse et des pays voisins.

Mâcon manifeste parfois ses velléités d'absorber Saint-Laurent, comme aux temps mérovingiens et au Moyen-Age. Un décret du 3 juillet 1894 a étendu à Saint-Laurent la juridiction du commissariat de police de Mâcon, concurremment avec la gendarmerie cantonale de Bâgé, qui réside à Saint-Laurent ainsi que les employés de la régie des deux cantons de Bâgé et de Pont-de-Veyle.

Sous Napoléon III, dit le *Petit* par Victor Hugo, l'antique Matisco demandait instamment à s'annexer cette banlieue charmante et de grand avenir. Mais Saint-Laurent, depuis qu'il est redevenu français, a persisté, en bon fils, à ne point se séparer de sa vieille Mère la Bresse, qu'il honore et qu'il sert avec dévouement et profit. Réuni à Mâcon, Saint-Laurent aurait en effet une raison d'être bien amoindrie ; il n'en serait qu'un simple et piètre faubourg, dédaigné, délaissé, chargé de contributions sans avantages compensateurs.

Au contraire, sa destinée deviendra autrement importante et favorable si cette jolie ville bressane garde son autonomie, en résistant avec raison et très énergiquement aux séductions captieuses de la capitale du Mâconnais.

Chat échaudé craint l'eau froide. Comme le Phénix qui renaît perpétuellement de sa cendre, Saint-Laurent, invulnérable aux bûchers et aux embûches du sombre passé, sera de plus en plus insensible aux feux des risettes et des cajoleries de Circés ou de sirènes cauteleuses. Il est déjà devenu assez grand, surtout habile et expérimenté, pour répondre virilement à tous, en s'appropriant la mâle devise de la belle Italie, sur laquelle règnent aujourd'hui ses anciens ducs de Savoie : « *San Lorenzo farà da se !* »

La population ouvrière et commerçante de Saint-Laurent est, en effet, l'une des plus intelligentes, des plus laborieuses et des plus sincèrement républicaines.

Entre ses mains démocratiques et vigoureuses, la principale cité bressane, assise sur le bord de la Saône, prendra sûrement un brillant essor vers d'heureuses destinées.

Th. DUFORRAU, de-GHOLLITAN.

X....-sur-Saône, 1896.

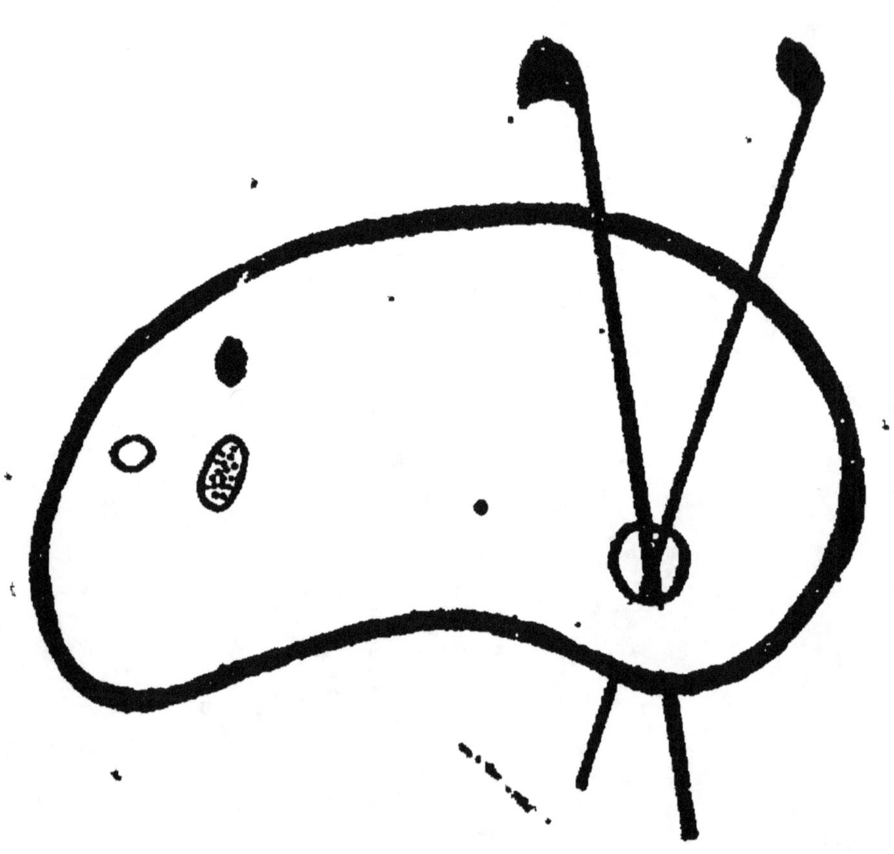

ORIGINAL EN COULEUR
N° Z 43-120-8